KATHRIN KALDA

**GRÜNE SMOOTHIES
FÜR DEN SOMMER**

100% SOUL DRINKS

Über das Buch: Einen Schluck Sommer, bitte! Grüne Smoothies sind die Erfrischung für jeden Sommertag und diese Rezeptsammlung mit 110 Rezepten für Einsteiger und Fortgeschrittene holt die Sonne direkt ins Glas.

Unter dem Motto *100% Soul Drinks* interpretiert die junge Autorin grüne Smoothies erfrischend anders und gibt ihre persönlichen Tipps zur Zubereitung weiter. Als Rezeptbuch ist *Grüne Smoothies für den Sommer* die ideale Ergänzung zu Ratgebern und ein Must-Have für jeden Smoothie-Fan.

Über die Autorin: Kathrin Kalda, fitnessbegeisterte und ernährungsbewusste Medienmanagerin aus Hamburg, kann sich grüne Smoothies aus ihrem Leben nicht wegdenken. Sie hat die Powerdrinks inmitten ihrer "Twenties" für sich entdeckt, sich intensiv mit ihrer Zubereitung beschäftigt und entwickelt begeistert eigene Kreationen ihrer selbst ernannten *Soul Drinks*.

Geprägt durch ihre estnischen Wurzeln - ihre Familie bewirtschaftet auf Saaremaa Felder und Waldgebiete - liegt ihr die saisonale Verwendung von Lebensmitteln von Kind an am Herzen. Mit ihrer Reihe *100% Soul Drinks* möchte sie den regionalen Bezug der Zutaten fördern und zum Genuss von grünen Smoothies inspirieren.

KATHRIN KALDA

GRÜNE SMOOTHIES
FÜR DEN SOMMER

110 SAISONALE REZEPTE

100% SOUL DRINKS

Bibliografische Information der Deutschen Nationalbibliothek:
Die Deutsche Nationalbibliothek verzeichnet diese Publikation in der Deutschen Nationalbibliografie; detaillierte bibliografische Daten sind im Internet über http://dnb.dnb.de abrufbar.

© 2015 Kathrin Kalda

Herstellung und Verlag: BoD – Books on Demand, Norderstedt

ISBN: 978-3-7347-9821-4

INTRO

100% SOUL DRINKS

Willkommen zur Sommerausgabe von *100% Soul Drinks.* Die Gemeinschaft wächst und ich begrüße alle Neueinsteiger wie erprobte Genießer grüner Smoothies.

Bevor wir uns mit Zubereitungstipps und sommerlich erfrischenden Rezepten beschäftigen, möchte ich kurz erzählen, wie ich zu grünen Smoothies gekommen bin – und warum ich nicht mehr auf sie verzichten möchte.

Warum *Soul Drinks* in grün? Inmitten meiner „Twenties", gerade das Studium beendet und in den Startlöchern für den ersten Vollzeitjob, fühlte ich mich trotz eines regelmäßigen Fitnessprogramms und bewusster Ernährung andauernd müde und erschöpft. Ärztliche Untersuchungen konnten keinen signifikanten Mangel aufdecken - auf dem Papier war ich putzmunter.

Auch wenn ich mich von vermeintlichen Ernährungstrends nicht schnell mitreißen lasse, fühlte ich mich von den Vorteilen grüner Smoothies direkt angesprochen.

- **Gesundheitsfördernd**: Gemüse, Obst und Kräuter in unbehandelter, roher Form schützen unseren Körper durch Antioxidantien vor freien Radikalen. Durch die Fülle an Vitaminen und Mineralien in grünen Smoothies wird unser Immunsystem direkt gestärkt, sodass wir weniger anfällig für Krankheiten sind.

- **Einfach:** Zutaten waschen, grob schneiden, im Mixer mit Wasser zu einem cremigen Drink vereinen – fertig. So lässt sich gesunde Ernährung perfekt in den Alltag integrieren. Durch den Verzehr in Form von Smoothies wird es zum Kinderspiel, die empfohlenen Tagesmengen an Gemüse und Obst zu sich zu nehmen.

- **Nachhaltig**: Die Zutaten werden bis auf wenige Ausnahmen vollständig verwendet. Hoch wirksame Bestandteile, die sonst ihr Ende auf dem Kompost finden, spielen im grünen Smoothie die Hauptrolle: Blattgrün, Kerne, Schale.

Seit vielen Monaten trinke ich nun täglich einen grünen Powerdrink. Innerhalb kurzer Zeit spürte ich, wie die Smoothies ihre Wirkung entfalteten, sich positiv auf meinen Körper, Energiehaushalt und Geist auswirkten. Da sie auch noch die idealen Begleiter für unterwegs sind – schnell morgens zu Hause gemixt und umgefüllt – sind sie zu meinen *Soul Drinks* geworden, die ich jeden Tag dabei habe. Im Büro, beim Sport, unterwegs.

Heute fühle ich mich extrem fit - ich bin leistungsfähiger, konzentrierter und einfach motivierter. Ich verspüre weniger Heißhunger auf Süßigkeiten oder Fast Food und mein Kaffeekonsum ist gesunken. Meine neu gewonnene Lebensqualität möchte ich durch dieses Buch teilen.

Mein Bewusstsein für die sorgfältige Auswahl und die saisonale Verwendung von Lebensmitteln ist seit meiner Kindheit ausgeprägt. Mit estnischen Wurzeln geboren, reise ich seit Kindestagen regelmäßig zur Familie meines Vaters auf die naturbelassene Insel Saaremaa. Auf dem familieneigenen Hof im Westen Estlands, welcher direkt an Waldflächen grenzt, ernähren wir uns in erster Linie von dem, was uns die Saison natürlicherweise bietet.

So kam ich auf die Idee, die saisonale Rezeptbuchreihe *100% Soul Drinks* zu entwickeln, dessen Ausgaben sich jeweils einer Jahreszeit widmen. Diese Ausgabe steht ganz unter dem Motto Sommer (Bezugsmonate circa Juli bis September), um das saisonale Angebot an Gemüse und Obst auszuschöpfen und den regionalen Bezug der Zutaten zu fördern.

Der Sommer wartet mit einem großen Angebot an Gemüse, Blattgrün, Kräutern und Obst auf, welches kaum Wünsche offen lässt. Die Rezepte sind teilweise um exotische Zutaten ergänzt, um garantiert Abwechslung ins Glas zu zaubern - diese können nach Belieben ersetzt werden. Bei den Nährwertangaben handelt es sich um Richtwerte (Quelle: www.fddb.info).

Tipp: Auf meiner Facebook-Seite *Grüne Smoothies - 100% Soul Drinks* und auf meiner Website www.soul-drinks.de teile ich regelmäßig Rezepte, wissenswerte Informationen und tolle Fotos.

EMPFEHLUNGEN

100% SOUL DRINKS

Dieses Buch ist als praktische Rezeptsammlung mit persönlichen Empfehlungen zu verstehen und inspiriert zum direkten Loslegen und Genießen. Das Basiswissen über grüne Smoothies wird an dieser Stelle angerissen; bei Interesse an ausführlichen Hintergrundinformationen empfiehlt sich die Verwendung eines expliziten Ratgebers.

Evergreens: Geeignete milde Salatsorten im Sommer sind beispielsweise Eichblattsalat, Kopfsalat, Endivie und Lollo Rosso. Radicchio, Batavia und Rucola bringen einen stärkeren Eigengeschmack mit. Der Sommer stellt außerdem Salatgurke, Staudensellerie, das Grün von Kohlrabi, Radieschen und Roter Bete, sowie eine Vielzahl an Kräutern wie Petersilie, Basilikum, Brennnessel und Minze bereit. *Tipp*: Beim Verzehr von Blattgrün wird eine regelmäßige Abwechslung der verwendeten Sorten empfohlen. Dies beugt nicht nur gegen Langeweile vor, sondern verhindert insbesondere eine übermäßige Anreicherung von Oxalsäure im Körper. Diese ist beispielsweise überdurchschnittlich in Spinat, Mangold und Petersilie enthalten.

Frische Früchtchen: Hinsichtlich der Obstauswahl sind der Fantasie und den persönlichen Vorlieben keine Grenzen gesetzt. Die heißen Sommermonate warten mit dem vielseitigsten Angebot des Jahres auf: angefangen bei Früchten wie Aprikosen, Birnen, Kirschen, Mirabellen, Pflaumen und Äpfeln über Beeren wie Blaubeeren, Brombeeren,

Erdbeeren, Himbeeren und Stachelbeeren ist für jeden Geschmack fruchtige Auswahl dabei.

Superfoods: Auch wenn keine wissenschaftliche Definition des Begriffs existiert, werden unter den sogenannten Superfoods sämtliche hochpotente Lebensmittel verstanden, die andere Zutaten um ein Vielfaches in ihrer Wirkung übertreffen und somit im überdurchschnittlichen Maße zu Vitalität beitragen sollen. Zu den idealen Begleitern grüner Smoothies zählen beispielsweise die Superfoods Aroniabeeren, Chiasamen, Gojibeeren, Hanfsamen, Macaknolle (in Form von Pulver) und Weizengras. In einigen der folgenden *Soul Drinks*-Rezepte sind Superfoods bereits integriert – je nach Geschmack und Bedarf können diese individuell ergänzt oder ausgetauscht werden.

No Go: Soja- und Milchprodukte, tierisches Eiweiß, sowie erhitzte oder industriell hergestellte Zutaten sind nicht für die Verwendung in grünen Smoothies geeignet. *Tipp*: Für die Vitaminaufnahme ist keine Zugabe von zusätzlichen Fetten notwendig.

Ice Ice Baby: Um die Smoothies kühl zu genießen, eignet sich die Zugabe von vier bis sechs Eiswürfeln pro Portion direkt zu Beginn des Mixvorgangs. Wird gefrorenes Obst verwendet, gewinnt der Smoothie automatisch eine angenehme Kälte. *Tipp*: Auch frisches Obst kann als Kälteträger dienen, wenn es einige Stunden vor der Verwendung in den Tiefkühler gegeben wird. Bananen, Mangos und Beeren eignen sich hierfür besonders gut.

Die Mischung macht's: Abwechslung im Glas ist wichtig, da der Organismus nur durch einen ausgewogenen Mix von Gemüse und Obst mit allen wichtigen Nährstoffen versorgt werden kann. Außerdem kommt so garantiert keine Langeweile beim Genuss der Smoothies auf. *Tipp*: Durch das Zusammenführen gegensätzlicher Geschmacksrichtungen, wie herb und süß oder mild und scharf, entstehen besonders interessante Geschmackskonstellationen.

Das richtige Timing: Die notwendige Mixdauer hängt von den Eigenschaften des Geräts ab. Wichtig ist, dass alle Zutaten fein püriert und die Zellulosewände der Pflanzenzellen aufgebrochen werden. So sind die Inhaltsstoffe dem Körper voll zugänglich. Ist der Smoothie cremig und enthält keine groben Stückchen mehr, ist er bereit für den Verzehr. *Tipp*: Für eine besonders schonende Zubereitung wird der Mixer direkt auf die höchste Drehzahl geschaltet. Bei weniger leistungsstarken Geräten ist es empfehlenswert, die Zutaten vor dem Mixen zu zerkleinern.

Take it easy: Grüne Smoothies eignen sich wunderbar, um sie nach der Zubereitung abzufüllen und den Verzehr individuell in den Alltag zu integrieren. Natürlich gilt: je frischer der Smoothie, desto besser. Da er im Kühlschrank bis zu drei Tage haltbar ist, kann er jedoch auch auf Vorrat gemixt werden. *Tipp*: Für Aufbewahrung und Transport empfehlen sich geschmacksneutrale Behältnisse aus Glas mit möglichst breiten Flaschenhalsen, wie ausrangierte Milchflaschen.

Bio inside: Um die rohen Zutaten inklusive Blattgrün und Schalen sorglos verzehren zu können, ist der Bezug von Bio-Qualität ratsam. Nur so ist gewährleistet, dass bei der Bepflanzung keine Pestizide, Kunstdünger oder andere Schadstoffe verwendet werden. *Tipp*: Einige Bio-Bauernhöfe bieten inzwischen die Lieferung von Lebensmittelkisten an, die speziell auf die Zubereitung grüner Smoothies abgestimmt sind.

Weiche Schale, harter Kern: In der Schale von Zitrusfrüchten wie Zitrone, Orange und Limette liegen hocheffektive Flavonoide vor – sekundäre Pflanzenstoffe, denen eine enorme antioxidative Wirkung zugesagt wird. Liegt Bio-Qualität vor, steht dem Verzehr der Schale in grünen Smoothies nichts im Weg – die folgenden Rezepte sind darauf ausgelegt. Die leicht bittere Note kann mit süßeren Obstsorten ausgeglichen werden.

Crème de la Crème: Die Konsistenz der Smoothies hängt von ihrem Flüssigkeitsanteil, den Zutaten und den Eigenschaften des Mixers ab. Am Anfang des Mixvorgangs sollte pro Portion ungefähr eine Tasse Wasser in den Mixbehälter gegeben werden. Der Wasseranteil kann während des Mixens nach Belieben erhöht werden. Cremige Zutaten wie Avocados, Bananen und Birnen tragen zu einer sämigen Konsistenz bei. Außerdem ist die Anschaffung eines Hochleistungsmixers eine Investition, die sich definitiv bezahlt macht. Faktoren wie die Messergeschwindigkeit, Leistung und Form des Mixbehälters spielen hierbei eine Rolle. *Tipp*: Es empfiehlt sich, vor der Anschaffung eines Standmixers die ausführlichen Erfahrungs- und Testberichte im Internet zur Entscheidungsfindung zurate zu ziehen.

Slow down: Grüne Smoothies sind der ideale Anlass, dem Alltag mit einem Stück Entschleunigung zu begegnen - sie sollten stets mit Genuss und Bewusstsein getrunken werden. Auch wenn sie durch ihre samtige Konsistenz einen leicht bekömmlichen Eindruck machen, stecken sie voller Nährstoffe, deren Verdauung bereits im Mund beginnt. Der bewusste Verzehr tut nicht nur dem Körper gut, sondern schenkt im Alltag einen Moment der Ruhe.

REZEPTE

100% SOUL DRINKS

FRÜHLINGSENDE

2 Aprikosen (circa 80 Gramm)
1 Tasse Blaubeeren (circa 100 Gramm)
1 Stück Ingwer (circa 5 Gramm)
2 Handvoll Eichblattsalat (circa 100 Gramm)
16 Blätter Kopfsalat (circa 100 Gramm)
Wasser

Nährwerte: 615 kJ, 145 kcal, 4g Eiweiß, 24g Kohlenhydrate, 2g Fett, 13g Ballaststoffe

SONNENBOWLE

2 Datteln (getrocknet, ohne Stein, circa 20 Gramm)
2 Tassen Erdbeeren (circa 200 Gramm)
1 Bund Petersilie (circa 50 Gramm)
2 Handvoll Romanasalat (circa 100 Gramm)
Wasser

Nährwerte: 680 kJ, 160 kcal, 10g Eiweiß, 29g Kohlenhydrate, 1g Fett, 8g Ballaststoffe

BLUMENBLÜHEN

1 Apfel (circa 200 Gramm)
2 Tassen Erdbeeren (circa 200 Gramm)
1 Handvoll Bataviasalat (circa 50 Gramm)
¼ Kopf Lollo Rosso (circa 125 Gramm)
4 Stängel Minze (circa 5 Gramm)
Wasser

Nährwerte: 830 kJ, 200 kcal, 5g Eiweiß, 39g Kohlenhydrate, 2g Fett, 10g Ballaststoffe

HUMMELSUMMEN

1 Apfel (circa 200 Gramm)
2 Tassen Himbeeren (circa 200 Gramm)
2 Handvoll Bataviasalat (circa 100 Gramm)
16 Blätter Kopfsalat (circa 100 Gramm)
Wasser

Nährwerte: 620 kJ, 150 kcal, 5g Eiweiß, 24g Kohlenhydrate, 1g Fett, 13g Ballaststoffe

SOMMERSPRITZER

1 Mango (circa 250 Gramm)
¼ Zitrone (ungeschält, circa 50 Gramm)
¼ Kopf Eisbergsalat (circa 125 Gramm)
8 Blätter von Radieschen (circa 60 Gramm)
4 Stängel Zitronengras (circa 5 Gramm)
Wasser

Nährwerte: 860 kJ, 205 kcal, 4g Eiweiß, 37g Kohlenhydrate, 2g Fett, 7g Ballaststoffe

ALSTERWIESE

1 Birne (circa 200 Gramm)
1 Tasse grüne Weintrauben (circa 100 Gramm)
4 Stängel Basilikum (circa 5 Gramm)
¼ Kopf Eisbergsalat (circa 125 Gramm)
½ Salatgurke (circa 200 Gramm)
Wasser

Nährwerte: 910 kJ, 215 kcal, 4g Eiweiß, 46g Kohlenhydrate, 2g Fett, 10g Ballaststoffe

SOMMERGRUSS

½ Birne (circa 100 Gramm)
1 Tasse Erdbeeren (circa 100 Gramm)
1 Tasse Himbeeren (circa 100 Gramm)
5 getrocknete Pflaumen (circa 40 Gramm)
1 Handvoll Feldsalat (circa 50 Gramm)
2 Handvoll Romanasalat (circa 100 Gramm)
Wasser

Nährwerte: 1.000 kJ, 240 kcal, 6g Eiweiß, 48g Kohlenhydrate, 1g Fett, 14g Ballaststoffe

SONNENBAD

6 Aprikosen (getrocknet, circa 60 Gramm)
1 Tasse Erdbeeren (circa 100 Gramm)
1 Tasse Stachelbeeren (circa 100 Gramm)
16 Blätter Kopfsalat (circa 100 Gramm)
1 Handvoll Möhrengrün (circa 50 Gramm)
Wasser

Nährwerte: 1.105 kJ, 260 kcal, 8g Eiweiß, 50g Kohlenhydrate, 1g Fett, 15g Ballaststoffe

MARIENKÄFER

2 Aprikosen (circa 80 Gramm)
2 Tassen Erdbeeren (circa 200 Gramm)
2 Handvoll Eichblattsalat (circa 100 Gramm)
5 Blätter der Roten Bete (circa 60 Gramm)
1 Handvoll Rucola (circa 50 Gramm)
Wasser

Nährwerte: 525 kJ, 125 kcal, 7g Eiweiß, 19g Kohlenhydrate, 1g Fett, 6g Ballaststoffe

HUMMELTRUNK

1 Apfel (circa 200 Gramm)
2 Datteln (getrocknet, ohne Stein, circa 20 Gramm)
2 Kiwi (circa 140 Gramm)
¼ Kopf Eisbergsalat (circa 125 Gramm)
1 Handvoll Möhrengrün (circa 50 Gramm)
Wasser

Nährwerte: 1.210 kJ, 290 kcal, 10g Eiweiß, 55g Kohlenhydrate, 2g Fett, 15g Ballaststoffe

BUTTERBLUME

1 kleine Handvoll Aroniabeeren (getrocknet, circa 40 Gramm)
1 Mango (circa 250 Gramm)
¼ Zitrone (ungeschält, circa 50 Gramm)
1 Handvoll Brunnenkresse (circa 50 Gramm)
2 Handvoll Romanasalat (circa 100 Gramm)
Wasser

Nährwerte: 1.250 kJ, 300 kcal, 5g Eiweiß, 57g Kohlenhydrate, 3g Fett, 14g Ballaststoffe

BRENNNESSELBOWLE

1 Scheibe Ananas (1 cm dick, circa 100 Gramm)
2 Tassen Himbeeren (circa 200 Gramm)
2 Handvoll Bataviasalat (circa 100 Gramm)
2 Handvoll Brennnessel (circa 100 Gramm)
Wasser

Nährwerte: 805 kJ, 190 kcal, 10g Eiweiß, 30g Kohlenhydrate, 2g Fett, 16g Ballaststoffe

SOMMERREGEN

1 Apfel (circa 200 Gramm)
1 Tasse Blaubeeren (circa 100 Gramm)
1 Stück Ingwer (circa 5 Gramm)
2 Handvoll Löwenzahn (circa 100 Gramm)
8 Stängel Minze (circa 10 Gramm)
Wasser

Nährwerte: 865 kJ, 210 kcal, 4g Eiweiß, 40g Kohlenhydrate, 2g Fett, 12g Ballaststoffe

DONNERWETTER

1 Birne (circa 200 Gramm)
1 Tasse grüne Weintrauben (circa 100 Gramm)
2 Handvoll Eichblattsalat (circa 100 Gramm)
½ Bund Petersilie (circa 25 Gramm)
1 Handvoll Radicchio (circa 50 Gramm)
Wasser

Nährwerte: 880 kJ, 210 kcal, 4g Eiweiß, 44g Kohlenhydrate, 1g Fett, 9g Ballaststoffe

SOMMERBLUES

2 Tassen Blaubeeren (circa 200 Gramm)
2 Esslöffel Chiasamen (circa 15 Gramm)
1 Tasse grüne Weintrauben (circa 100 Gramm)
8 Stängel Basilikum (circa 10 Gramm)
¼ Kopf Eisbergsalat (circa 125 Gramm)
Wasser

Nährwerte: 1.015 kJ, 240 kcal, 6g Eiweiß, 33g Kohlenhydrate, 7g Fett, 18g Ballaststoffe

REGENBOGEN

½ Banane (circa 55 Gramm)
1 Tasse Blaubeeren (circa 100 Gramm)
1 Tasse Erdbeeren (circa 100 Gramm)
1 Saftorange (ungeschält, circa 200 Gramm)
2 Handvoll Romanasalat (circa 100 Gramm)
Wasser

Nährwerte: 975 kJ, 230 kcal, 6g Eiweiß, 42g Kohlenhydrate, 2g Fett, 13g Ballaststoffe

JUNIMOND

1 Mango (circa 250 Gramm)
¼ Zitrone (ungeschält, circa 50 Gramm)
2 Handvoll Bataviasalat (circa 100 Gramm)
1 Handvoll Brennnessel (circa 50 Gramm)
Wasser

Nährwerte: 900 kJ, 215 kcal, 6g Eiweiß, 38g Kohlenhydrate, 2g Fett, 8g Ballaststoffe

STERNSCHNUPPE

1 Tasse Johannisbeeren (idealerweise rot, circa 100 Gramm)
1 Pfirsich (circa 110 Gramm)
5 getrocknete Pflaumen (circa 40 Gramm)
2 Handvoll Romanasalat (circa 100 Gramm)
Wasser

Nährwerte: 800 kJ, 190 kcal, 4g Eiweiß, 40g Kohlenhydrate, 1g Fett, 10g Ballaststoffe

STERNENKLARE NACHT

1 Sternfrucht (circa 200 Gramm)
1 Tasse grüne Weintrauben (circa 100 Gramm)
2 Handvoll Eichblattsalat (circa 100 Gramm)
2 Handvoll Feldsalat (circa 100 Gramm)
½ Bund Petersilie (circa 25 Gramm)
Wasser

Nährwerte: 975 kJ, 235 kcal, 6g Eiweiß, 46g Kohlenhydrate, 1g Fett, 7g Ballaststoffe

NACHTSPAZIERGANG

1 Scheibe Ananas (1 cm dick, circa 100 Gramm)
2 Tassen Blaubeeren (circa 200 Gramm)
2 Datteln (getrocknet, ohne Stein, circa 20 Gramm)
2 Handvoll Endiviensalat (circa 100 Gramm)
½ Salatgurke (circa 200 Gramm)
Wasser

Nährwerte: 1.015 kJ, 240 kcal, 9g Eiweiß, 46g Kohlenhydrate, 2g Fett, 17g Ballaststoffe

SOMMERNACHTSTRAUM

1 Banane (circa 110 Gramm)
1 Saftorange (ungeschält, circa 200 Gramm)
1 Handvoll Feldsalat (circa 50 Gramm)
½ Bund Petersilie (circa 25 Gramm)
1 Handvoll Weizengras (Chlorophyllbombe, circa 50 Gramm)
Wasser

Nährwerte: 1.350 kJ, 320 kcal, 13g Eiweiß, 42g Kohlenhydrate, 2g Fett, 30g Ballaststoffe

SHAKES-PEAR

2 Aprikosen (circa 80 Gramm)
1 Birne (circa 200 Gramm)
8 Stängel Basilikum (circa 10 Gramm)
2 Handvoll Löwenzahn (circa 100 Gramm)
1 Handvoll Radicchio (circa 50 Gramm)
Wasser

Nährwerte: 860 kJ, 205 kcal, 5g Eiweiß, 42g Kohlenhydrate, 2g Fett, 11g Ballaststoffe

SONNENAUFGANG

1 kleine Handvoll Aroniabeeren (getrocknet, circa 40 Gramm)
¼ Honigmelone (circa 220 Gramm)
1 Stück Ingwer (circa 5 Gramm)
2 Handvoll Romanasalat (circa 100 Gramm)
1 Handvoll Schafgarbe (circa 50 Gramm)
Wasser

Nährwerte: 1.010 kJ, 240 kcal, 5g Eiweiß, 51g Kohlenhydrate, 1g Fett, 10g Ballaststoffe

SOMMERMORGEN

¼ Stange Rhabarber (circa 50 Gramm)
3 Tassen grüne Weintrauben (circa 300 Gramm)
1 Handvoll Feldsalat (circa 50 Gramm)
1 Handvoll Radicchio (circa 50 Gramm)
1 Tasse Apfelsaft (naturtrüb, circa 100 Milliliter)
Wasser

Nährwerte: 1.200 kJ, 290 kcal, 4g Eiweiß, 61g Kohlenhydrate, 1g Fett, 6g Ballaststoffe

SONNENSTRAHL

½ Apfel (circa 100 Gramm)
4 Aprikosen (getrocknet, circa 40 Gramm)
1 Saftorange (ungeschält, circa 200 Gramm)
2 Handvoll Endiviensalat (circa 100 Gramm)
1 Handvoll Waldmeister (circa 50 Gramm)
Wasser

Nährwerte: 1.215 kJ, 290 kcal, 9g Eiweiß, 53g Kohlenhydrate, 1g Fett, 15g Ballaststoffe

SONNENSCHEIN

2 Esslöffel Chiasamen (circa 15 Gramm)
1 Tasse Himbeeren (circa 100 Gramm)
2 Pfirsiche (circa 220 Gramm)
2 Handvoll Eichblattsalat (circa 100 Gramm)
2 Handvoll Feldsalat (circa 100 Gramm)
6 Blätter Sauerampfer (circa 20 Gramm)
Wasser

Nährwerte: 996 kJ, 240 kcal, 10g Eiweiß, 28g Kohlenhydrate, 6g Fett, 17g Ballaststoffe

KLEETRUNK

2 Datteln (getrocknet, ohne Stein, circa 20 Gramm)
2 Tassen Himbeeren (circa 200 Gramm)
½ Limette (ungeschält, circa 30 Gramm)
8 Blätter Kopfsalat (circa 50 Gramm)
½ Salatgurke (circa 200 Gramm)
1 Handvoll Wiesenklee (circa 50 Gramm)
Wasser

Nährwerte: 820 kJ, 195 kcal, 11g Eiweiß, 31g Kohlenhydrate, 2g Fett, 16g Ballaststoffe

SCHMETTERLING

1 Granatapfel (geschält, circa 150 Gramm)
1 Maracuja (geschält, circa 45 Gramm)
1 Tassen grüne Weintrauben (circa 100 Gramm)
2 Handvoll Bataviasalat (circa 100 Gramm)
Wasser

Nährwerte: 975 kJ, 235 kcal, 3g Eiweiß, 47g Kohlenhydrate, 1g Fett, 6g Ballaststoffe

WIESENDUFT

1 Apfel (circa 200 Gramm)
½ Mango (circa 125 Gramm)
4 Stängel Basilikum (circa 5 Gramm)
2 Handvoll Romanasalat (circa 100 Gramm)
1 Stange Staudensellerie (circa 75 Gramm)
Wasser

Nährwerte: 880 kJ, 210 kcal, 4g Eiweiß, 42g Kohlenhydrate, 3g Fett, 7g Ballaststoffe

ORCHIDEENBOWLE

2 Tassen Himbeeren (circa 200 Gramm)
1 Saftorange (ungeschält, circa 200 Gramm)
2 Handvoll Feldsalat (circa 100 Gramm)
1 Handvoll Himbeerblätter (circa 50 Gramm)
Wasser

Nährwerte: 870 kJ, 205 kcal, 9g Eiweiß, 31g Kohlenhydrate, 1g Fett, 18g Ballaststoffe

KLATSCHMOHN

2 Tassen Blaubeeren (circa 200 Gramm)
1 Tasse Brombeeren (circa 100 Gramm)
¼ Zitrone (ungeschält, circa 50 Gramm)
16 Blätter Kopfsalat (circa 100 Gramm)
1 Handvoll Rucola (circa 50 Gramm)
Wasser

Nährwerte: 715 kJ, 170 kcal, 5g Eiweiß, 25g Kohlenhydrate, 3g Fett, 16g Ballaststoffe

NELKENTRUNK

1 Apfel (circa 200 Gramm)
½ Avocado (circa 100 Gramm)
¼ Zitrone (ungeschält, circa 50 Gramm)
1 Handvoll Brunnenkresse (circa 50 Gramm)
½ Salatgurke (circa 200 Gramm)
Wasser

Nährwerte: 1.235 kJ, 295 kcal, 4g Eiweiß, 33g Kohlenhydrate, 14g Fett, 11g Ballaststoffe

SOMMERBLÜHER

1 Apfel (circa 200 Gramm)
4 Aprikosen (getrocknet, circa 40 Gramm)
1 Tasse grüne Weintrauben (circa 100 Gramm)
2 Handvoll Eichblattsalat (circa 100 Gramm)
Wasser

Nährwerte: 1.200 kJ, 290 kcal, 5g Eiweiß, 60g Kohlenhydrate, 2g Fett, 10g Ballaststoffe

WEIZENBLÜTE

1 Tasse Brombeeren (circa 100 Gramm)
1 Nektarine (circa 150 Gramm)
4 Stängel Basilikum (circa 5 Gramm)
2 Handvoll Endiviensalat (circa 100 Gramm)
1 Handvoll Weizengras (Chlorophyllbombe, circa 50 Gramm)

Nährwerte: 975 kJ, 235 kcal, 12g Eiweiß, 22g Kohlenhydrate, 2g Fett, 30g Ballaststoffe

ROSENTRUNK

1 kleine Handvoll Aroniabeeren (getrocknet, circa 40 Gramm)
1 Tasse Himbeeren (circa 100 Gramm)
1 Tasse Johannisbeeren (idealerweise rot, circa 100 Gramm)
2 Handvoll Feldsalat (circa 100 Gramm)
1 kleine Handvoll Rosenblüten (circa 30 Gramm)
Wasser

Nährwerte: 855 kJ, 205 kcal, 7g Eiweiß, 35g Kohlenhydrate, 2g Fett, 18g Ballaststoffe

SOMMERBLÜTE

2 Datteln (getrocknet, ohne Stein, circa 20 Gramm)
1 Granatapfel (geschält, circa 150 Gramm)
16 Blätter Kopfsalat (circa 100 Gramm)
5 Blätter der Roten Bete (circa 60 Gramm)
½ Salatgurke (circa 200 Gramm)
Wasser

Nährwerte: 1.010 kJ, 240 kcal, 11g Eiweiß, 47g Kohlenhydrate, 2g Fett, 11g Ballaststoffe

MIRABELLENTRAUM

½ Mango (circa 125 Gramm)
1 Tasse Mirabellen (entsteint, circa 100 Gramm)
¼ Zitrone (ungeschält, circa 50 Gramm)
5 Blätter Mangold (circa 100 Gramm)
2 Handvoll Feldsalat (circa 100 Gramm)
Wasser

Nährwerte: 860 kJ, 205 kcal, 6g Eiweiß, 35g Kohlenhydrate, 1g Fett, 8g Ballaststoffe

HOLUNDERBLÜTE

2 Aprikosen (circa 80 Gramm)
1 Banane (circa 110 Gramm)
1 kleine Handvoll Holunderblüten (circa 30 Gramm)
1 Handvoll Löwenzahn (circa 50 Gramm)
8 Blätter Kopfsalat (circa 50 Gramm)

Nährwerte: 830 kJ, 200 kcal, 6g Eiweiß, 40g Kohlenhydrate, 1g Fett, 7g Ballaststoffe

FLIEDERBOWLE

1 Apfel (circa 200 Gramm)
1 kleine Handvoll Aroniabeeren (getrocknet, circa 40 Gramm)
2 Handvoll Romanasalat (circa 100 Gramm)
1 Tasse Holundersaft (naturtrüb, circa 100 Milliliter)
Wasser

Nährwerte: 1.130 kJ, 270 kcal, 3g Eiweiß, 58g Kohlenhydrate, 2g Fett, 12g Ballaststoffe

FLIEDERFREUNDE

1 Apfel (circa 200 Gramm)
1 Tasse Stachelbeeren (circa 100 Gramm)
2 Handvoll Feldsalat (circa 100 Gramm)
1 kleine Handvoll Holunderblüten (circa 30 Gramm)
3 Blätter vom Kohlrabi (circa 50 Gramm)
1 Tasse Apfelsaft (naturtrüb, circa 100 Milliliter)
Wasser

Nährwerte: 1.100 kJ, 260 kcal, 7g Eiweiß, 50g Kohlenhydrate, 1g Fett, 12g Ballaststoffe

SOMMERSORBET

1 Banane (gefroren, circa 110 Gramm)
2 Tassen Himbeeren (gefroren, circa 200 Gramm)
4 Stängel Minze (circa 5 Gramm)
½ Bund Petersilie (circa 25 Gramm)
2 Handvoll Romanasalat (circa 100 Gramm)
Wasser

Nährwerte: 820 kJ, 195 kcal, 7g Eiweiß, 35g Kohlenhydrate, 1g Fett, 14g Ballaststoffe

PASSIONSBLÜMCHEN

1 Tasse Brombeeren (circa 100 Gramm)
1 kleine Handvoll Gojibeeren (getrocknet, circa 40 Gramm)
½ Mango (circa 125 Gramm)
2 Maracuja (geschält, circa 90 Gramm)
¼ Kopf Lollo Rosso (circa 125 Gramm)
Wasser

Nährwerte: 1.365 kJ, 325 kcal, 8g Eiweiß, 56g Kohlenhydrate, 4g Fett, 13g Ballaststoffe

SCHAFGARBENTRUNK

2 Tassen Erdbeeren (circa 200 Gramm)
¼ Stange Rhabarber (circa 50 Gramm)
2 Tassen grüne Weintrauben (circa 200 Gramm)
5 Blätter Mangold (circa 100 Gramm)
1 Handvoll Schafgarbe (circa 50 Gramm)
Wasser

Nährwerte: 1.100 kJ, 260 kcal, 8g Eiweiß, 50g Kohlenhydrate, 2g Fett, 12g Ballaststoffe

SOMMERLUFT

½ Avocado (circa 100 Gramm)
1 Tasse Johannisbeeren (idealerweise schwarz, circa 100 Gramm)
1 Saftorange (ungeschält, circa 200 Gramm)
16 Blätter Kopfsalat (circa 100 Gramm)
8 Stängel Minze (circa 10 Gramm)
Wasser

Nährwerte: 1.210 kJ, 290 kcal, 6g Eiweiß, 28g Kohlenhydrate, 13g Fett, 14g Ballaststoffe

SONNENDIAMANT

1 Apfel (circa 200 Gramm)
2 Tassen Himbeeren (gefroren, circa 200 Gramm)
2 Handvoll Romanasalat (circa 100 Gramm)
½ Salatgurke (circa 200 Gramm)
Wasser

Nährwerte: 880 kJ, 210 kcal, 6g Eiweiß, 38g Kohlenhydrate, 2g Fett, 17g Ballaststoffe

RINGELBLUME

1 Scheibe Ananas (1 cm dick, circa 100 Gramm)
2 Esslöffel Chiasamen (circa 15 Gramm)
1 Stück Ingwer (circa 5 Gramm)
1 Pfirsich (circa 110 Gramm)
2 Handvoll Endiviensalat (circa 100 Gramm)
8 Stängel Zitronenmelisse (circa 10 Gramm)
Wasser

Nährwerte: 850 kJ, 205 kcal, 6g Eiweiß, 28g Kohlenhydrate, 6g Fett, 11g Ballaststoffe

THYMIANWONNE

1 Banane (circa 110 Gramm)
2 Datteln (getrocknet, ohne Stein, circa 20 Gramm)
2 Handvoll Portulak (circa 100 Gramm)
1 Zweig Thymian (circa 5 Gramm)
Wasser

Nährwerte: 775 kJ, 185 kcal, 7g Eiweiß, 40g Kohlenhydrate, 1g Fett, 7g Ballaststoffe

STIEFMÜTTERCHEN

1 Birne (circa 200 Gramm)
1 Tasse Blaubeeren (circa 100 Gramm)
½ Mango (circa 125 Gramm)
5 Blätter Mangold (circa 100 Gramm)
1 Handvoll Weizengras (Chlorophyllbombe, circa 50 Gramm)
Wasser

Nährwerte: 1.488 kJ, 355 kcal, 12g Eiweiß, 52g Kohlenhydrate, 3g Fett, 37g Ballaststoffe

SONNTAG AUF DEM BALKON

1 Tasse Stachelbeeren (circa 100 Gramm)
2 Tassen grüne Weintrauben (circa 200 Gramm)
2 Handvoll Feldsalat (circa 100 Gramm)
6 Blätter Sauerampfer (circa 20 Gramm)
Wasser

Nährwerte: 885 kJ, 210 kcal, 5g Eiweiß, 41g Kohlenhydrate, 1g Fett, 8g Ballaststoffe

IN DER HÄNGEMATTE

1 Banane (gefroren, circa 110 Gramm)
1 Saftorange (ungeschält, circa 200 Gramm)
4 Stängel Basilikum (circa 5 Gramm)
2 Handvoll Endiviensalat (circa 100 Gramm)
4 Radieschen (inklusive Blättern, circa 80 Gramm)
Wasser

Nährwerte: 940 kJ, 225 kcal, 6g Eiweiß, 42g Kohlenhydrate, 1g Fett, 10g Ballaststoffe

ZUHAUSE IM GARTEN

1 Apfel (circa 200 Gramm)
1 Tasse Himbeeren (circa 100 Gramm)
1 Handvoll Bataviasalat (circa 50 Gramm)
1 Handvoll Löwenzahn (circa 50 Gramm)
1 Handvoll Rucola (circa 50 Gramm)
Wasser

Nährwerte: 850 kJ, 205 kcal, 5g Eiweiß, 38g Kohlenhydrate, 2g Fett, 7g Ballaststoffe

BULLENHITZE

1 Scheibe Ananas (1 cm dick, circa 100 Gramm)
2 Aprikosen (circa 80 Gramm)
1 kleine Handvoll Gojibeeren (getrocknet, circa 40 Gramm)
2 Handvoll Feldsalat (circa 100 Gramm)
5 Blätter Mangold (circa 100 Gramm)
Wasser

Nährwerte: 780 kJ, 185 kcal, 5g Eiweiß, 34g Kohlenhydrate, 2g Fett, 11g Ballaststoffe

HITZEFREI

1 Tasse Blaubeeren (circa 100 Gramm)
2 Esslöffel Chiasamen (circa 15 Gramm)
¼ Honigmelone (circa 220 Gramm)
¼ Zitrone (ungeschält, circa 50 Gramm)
2 Handvoll Feldsalat (circa 100 Gramm)
Wasser

Nährwerte: 1.140 kJ, 275 kcal, 8g Eiweiß, 38g Kohlenhydrate, 6g Fett, 14g Ballaststoffe

HITZESTOP

2 Tassen Himbeeren (circa 200 Gramm)
1 Stück Ingwer (circa 5 Gramm)
½ Limette (ungeschält, circa 30 Gramm)
½ Mango (circa 125 Gramm)
16 Blätter Kopfsalat (circa 100 Gramm)
4 Stängel Minze (circa 5 Gramm)
Wasser

Nährwerte: 740 kJ, 175 kcal, 5g Eiweiß, 28g Kohlenhydrate, 1g Fett, 13g Ballaststoffe

SOMMERBRISE

1 Tasse Erdbeeren (circa 100 Gramm)
½ Mango (circa 125 Gramm)
¼ Zitrone (ungeschält, circa 50 Gramm)
12 Blätter einer roten Beere (zum Beispiel Erdbeere, circa 25 Gramm)
2 kleine Handvoll Feldsalat (circa 75 Gramm)
1 Tasse Apfelsaft (naturtrüb, circa 100 Milliliter)
Wasser

Nährwerte: 910 kJ, 220 kcal, 5g Eiweiß, 40g Kohlenhydrate, 1g Fett, 7g Ballaststoffe

HERZHAFTER SOMMERGRUSS

1 Apfel (circa 200 Gramm)
1 Handvoll Physalis (circa 60 Gramm)
½ Zucchini (circa 100 Gramm)
2 kleine Handvoll Feldsalat (circa 75 Gramm)
1 Handvoll Radicchio (circa 50 Gramm)
1 Stange Staudensellerie (circa 75 Gramm)

Nährwerte: 920 kJ, 205 kcal, 7g Eiweiß, 37g Kohlenhydrate, 4g Fett, 8g Ballaststoffe

FERIENBEGINN

4 Aprikosen (getrocknet, circa 40 Gramm)
1 Birne (circa 200 Gramm)
1 Tasse Brombeeren (circa 100 Gramm)
2 Handvoll Feldsalat (circa 100 Gramm)
5 Blätter Mangold (circa 100 Gramm)
Wasser

Nährwerte: 1.210 kJ, 290 kcal, 8g Eiweiß, 55g Kohlenhydrate, 3g Fett, 18g Ballaststoffe

URLAUBSFEELING

1 Birne (circa 200 Gramm)
2 Datteln (getrocknet, ohne Stein, circa 20 Gramm)
1 Tasse Johannisbeeren (idealerweise rot, circa 100 Gramm)
1 Handvoll Romanasalat (circa 50 Gramm)
1 Handvoll Rucola (circa 50 Gramm)
Wasser

Nährwerte: 900 kJ, 215 kcal, 9g Eiweiß, 45g Kohlenhydrate, 1g Fett, 12g Ballaststoffe

FERNWEH

2 Scheiben Ananas (je 1 cm dick, insgesamt circa 200 Gramm)
1 Maracuja (geschält, circa 45 Gramm)
¼ Zitrone (ungeschält, circa 50 Gramm)
2 Handvoll Endiviensalat (circa 100 Gramm)
2 kleine Handvoll Löwenzahn (circa 75 Gramm)
Wasser

Nährwerte: 945 kJ, 230 kcal, 5g Eiweiß, 40g Kohlenhydrate, 1g Fett, 8g Ballaststoffe

AB AUF DIE INSEL

1 Scheibe Ananas (1 cm dick, circa 100 Gramm)
½ Banane (circa 55 Gramm)
1 Tasse Himbeeren (circa 100 Gramm)
2 kleine Handvoll Feldsalat (circa 75 Gramm)
5 Blätter Mangold (circa 100 Gramm)
Wasser

Nährwerte: 760 kJ, 180 kcal, 6g Eiweiß, 32g Kohlenhydrate, 1g Fett, 11g Ballaststoffe

SÜDSEEDRINK

1 kleine Handvoll Aroniabeeren (getrocknet, circa 40 Gramm)
1 Granatapfel (geschält, circa 150 Gramm)
1 Saftorange (ungeschält, circa 200 Gramm)
2 kleine Handvoll Feldsalat (circa 75 Gramm)
1 Handvoll Rucola (circa 50 Gramm)
Wasser

Nährwerte: 1.415 kJ, 340 kcal, 7g Eiweiß, 65g Kohlenhydrate, 3g Fett, 17g Ballaststoffe

STRANDSPAZIERGANG

1 Banane (circa 110 Gramm)
½ Mango (circa 125 Gramm)
½ Limette (ungeschält, circa 30 Gramm)
2 Handvoll Eichblattsalat (circa 100 Gramm)
4 Stängel Minze (circa 5 Gramm)
1 Handvoll Rucola (circa 50 Gramm)
Wasser

Nährwerte: 920 kJ, 220 kcal, 5g Eiweiß, 41g Kohlenhydrate, 2g Fett, 6g Ballaststoffe

MEERESRAUSCHEN

1 kleine Handvoll Gojibeeren (getrocknet, circa 40 Gramm)
½ Kaki (geschält, circa 100 Gramm)
1 Maracuja (geschält, circa 45 Gramm)
2 Handvoll Rucola (circa 100 Gramm)
1 Tasse Kokosmilch (circa 100 Milliliter)
Wasser

Nährwerte: 1.950 kJ, 460 kcal, 10g Eiweiß, 48g Kohlenhydrate, 23g Fett, 9g Ballaststoffe

MUSCHELSUCHE

1 Banane (gefroren, circa 110 Gramm)
1 Handvoll Physalis (circa 60 Gramm)
3 Blätter vom Kohlrabi (circa 50 Gramm)
¼ Kopf Lollo Bianco (circa 125 Gramm)
½ Salatgurke (circa 200 Gramm)
Wasser

Nährwerte: 920 kJ, 220 kcal, 8g Eiweiß, 41g Kohlenhydrate, 2g Fett, 8g Ballaststoffe

WASSERFUNKELN

1 Birne (circa 200 Gramm)
2 Datteln (getrocknet, ohne Stein, circa 20 Gramm)
2 Handvoll Endiviensalat (circa 100 Gramm)
4 Stangen grüner Spargel (geschält, circa 80 Gramm)
Wasser

Nährwerte: 810 kJ, 195 kcal, 9g Eiweiß, 41g Kohlenhydrate, 1g Fett, 10g Ballaststoffe

WASSERSPASS

1 Tasse Erdbeeren (circa 100 Gramm)
1 kleine Handvoll Gojibeeren (getrocknet, circa 40 Gramm)
1 Stück Ingwer (circa 5 Gramm)
1 Tasse Stachelbeeren (circa 100 Gramm)
¼ Kopf Eisbergsalat (circa 125 Gramm)
5 Blätter Mangold (circa 100 Gramm)
Wasser

Nährwerte: 1.030 kJ, 245 kcal, 10g Eiweiß, 42g Kohlenhydrate, 3g Fett, 13g Ballaststoffe

SOMMERPERLE

½ Birne (circa 100 Gramm)
2 Datteln (getrocknet, ohne Stein, circa 20 Gramm)
1 Saftorange (ungeschält, circa 200 Gramm)
2 Handvoll Endiviensalat (circa 100 Gramm)
8 Blätter von Radieschen (circa 60 Gramm)
Wasser

Nährwerte: 1.060 kJ, 250 kcal, 11g Eiweiß, 48g Kohlenhydrate, 1g Fett, 13g Ballaststoffe

KORALLENRIFF

2 Aprikosen (circa 80 Gramm)
1 kleine Handvoll Gojibeeren (getrocknet, circa 40 Gramm)
1 Handvoll Physalis (circa 60 Gramm)
2 Handvoll Portulak (circa 100 Gramm)
Wasser

Nährwerte: 975 kJ, 230 kcal, 8g Eiweiß, 41g Kohlenhydrate, 3g Fett, 8g Ballaststoffe

MEERESBRISE

1 Banane (circa 110 Gramm)
2 Tassen Blaubeeren (circa 200 Gramm)
2 Handvoll Brennnessel (circa 100 Gramm)
4 Stängel Minze (circa 5 Gramm)
Wasser

Nährwerte: 980 kJ, 235 kcal, 8g Eiweiß, 42g Kohlenhydrate, 2g Fett, 16g Ballaststoffe

SANDBURG

1 Banane (circa 110 Gramm)
½ Birne (circa 100 Gramm)
2 Handvoll Eichblattsalat (circa 100 Gramm)
1 Handvoll Zitronenmelisse (circa 50 Gramm)
1 Tasse Sanddornsaft (circa 100 Milliliter)
Wasser

Nährwerte: 1.245 kJ, 295 kcal, 5g Eiweiß, 55g Kohlenhydrate, 5g Fett, 6g Ballaststoffe

ALOHA

1 Scheibe Ananas (1 cm dick, circa 100 Gramm)
½ Mango (circa 125 Gramm)
8 Stängel Minze (circa 5 Gramm)
5 Blätter Pak Choi (circa 100 Gramm)
1 Tasse Kokosmilch (circa 100 Milliliter)
Wasser

Nährwerte: 1.520 kJ, 355 kcal, 5g Eiweiß, 34g Kohlenhydrate, 21g Fett, 9g Ballaststoffe

COCO LOCO

1 kleine Handvoll Aroniabeeren (getrocknet, circa 40 Gramm)
3 Maracuja (geschält, circa 135 Gramm)
3 Esslöffel Kokosmus (circa 50 Gramm)
2 große Handvoll Feldsalat (circa 150 Gramm)
Wasser

Nährwerte: 1.350 kJ, 320 kcal, 5g Eiweiß, 38g Kohlenhydrate, 12g Fett, 11g Ballaststoffe

HAWAIITRAUM

1 Banane (gefroren, circa 110 Gramm)
½ Papaya (geschält und entkernt, circa 150 Gramm)
¼ Kopf Lollo Bianco (circa 125 Gramm)
½ Bund Petersilie (circa 25 Gramm)
Wasser

Nährwerte: 800 kJ, 190 kcal, 5g Eiweiß, 39g Kohlenhydrate, 1g Fett, 8g Ballaststoffe

HONULULU, BABY

1 Scheibe Ananas (1 cm dick, circa 100 Gramm)
2 Tassen Blaubeeren (circa 200 Gramm)
2 Esslöffel Chiasamen (circa 15 Gramm)
2 Handvoll Feldsalat (circa 100 Gramm)
Wasser

Nährwerte: 960 kJ, 230 kcal, 6g Eiweiß, 30g Kohlenhydrate, 6g Fett, 18g Ballaststoffe

SÜSSE SONNE

½ Birne (circa 100 Gramm)
¼ Honigmelone (circa 220 Gramm)
2 Handvoll Endiviensalat (circa 100 Gramm)
8 Blätter Kopfsalat (circa 50 Gramm)
Wasser

Nährwerte: 840 kJ, 200 kcal, 5g Eiweiß, 41g Kohlenhydrate, 1g Fett, 7g Ballaststoffe

SOMMERFLIRT

1 Tasse Johannisbeeren (idealerweise rot, circa 100 Gramm)
½ Mango (circa 125 Gramm)
1 Tasse Mirabellen (entsteint, circa 100 Gramm)
¼ Kopf Lollo Rosso (circa 125 Gramm)
Wasser

Nährwerte: 815 kJ, 195 kcal, 4g Eiweiß, 38g Kohlenhydrate, 1g Fett, 9g Ballaststoffe

SONNENANBETER

½ Avocado (circa 100 Gramm)
1 Tasse Kirschen (entsteint, circa 100 Gramm)
1 Handvoll Brunnenkresse (circa 50 Gramm)
2 Handvoll Eichblattsalat (circa 100 Gramm)
Wasser

Nährwerte: 1.290 kJ, 310 kcal, 11g Eiweiß, 28g Kohlenhydrate, 15g Fett, 13g Ballaststoffe

SUNSHINE RAGGAE

2 Esslöffel Chiasamen (circa 15 Gramm)
½ Limette (ungeschält, circa 30 Gramm)
½ Mango (circa 125 Gramm)
2 Handvoll Portulak (circa 100 Gramm)
1 Handvoll Weizengras (Chlorophyllbombe, circa 50 Gramm)
Wasser

Nährwerte: 1.230 kJ, 295 kcal, 13g Eiweiß, 22g Kohlenhydrate, 7g Fett, 32g Ballaststoffe

IN THE SUMMERTIME

1 Tasse Kirschen (entsteint, circa 100 Gramm)
1 Saftorange (ungeschält, circa 200 Gramm)
2 Handvoll Endiviensalat (circa 100 Gramm)
1 Handvoll Waldmeister (circa 50 Gramm)
Wasser

Nährwerte: 1.000 kJ, 240 kcal, 5g Eiweiß, 46g Kohlenhydrate, 2g Fett, 10g Ballaststoffe

SUMMER IN THE CITY

2 Esslöffel Chiasamen (circa 15 Gramm)
2 Tassen Himbeeren (circa 200 Gramm)
1 Tasse grüne Weintrauben (circa 100 Gramm)
8 Stängel Minze (circa 10 Gramm)
1 Handvoll Rucola (circa 50 Gramm)
Wasser

Nährwerte: 845 kJ, 200 kcal, 7g Eiweiß, 35g Kohlenhydrate, 1g Fett, 10g Ballaststoffe

LIMBOBOWLE

1 Banane (gefroren, circa 110 Gramm)
1 Handvoll Physalis (circa 60 Gramm)
16 Blätter Kopfsalat (circa 100 Gramm)
½ Bund Petersilie (circa 25 Gramm)
1 Handvoll Radicchio (circa 50 Gramm)
Wasser

Nährwerte: 740 kJ, 180 kcal, 6g Eiweiß, 34g Kohlenhydrate, 1g Fett, 6g Ballaststoffe

SONNENTANZ

4 Aprikosen (getrocknet, ohne Stein, circa 40 Gramm)
1 Granatapfel (geschält, circa 150 Gramm)
2 Handvoll Endiviensalat (circa 100 Gramm)
5 Blätter der Roten Bete (circa 60 Gramm)
Wasser

Nährwerte: 1.115 kJ, 265 kcal, 8g Eiweiß, 51g Kohlenhydrate, 2g Fett, 12g Ballaststoffe

SONNENFREUNDE

2 Aprikosen (circa 80 Gramm)
2 Kiwi (circa 140 Gramm)
1 Handvoll Löwenzahn (circa 50 Gramm)
5 Blätter Mangold (circa 100 Gramm)
Wasser

Nährwerte: 725 kJ, 175 kcal, 6g Eiweiß, 27g Kohlenhydrate, 2g Fett, 11g Ballaststoffe

SOMMERLIEBE

1 Tasse Himbeeren (circa 100 Gramm)
2 Tassen Kirschen (entsteint, circa 200 Gramm)
Mark einer Vanilleschote (circa 5 Gramm)
8 Stängel Basilikum (circa 10 Gramm)
2 Handvoll Portulak (circa 100 Gramm)
Wasser

Nährwerte: 860 kJ, 205 kcal, 5g Eiweiß, 39g Kohlenhydrate, 1g Fett, 12g Ballaststoffe

SOMMERMÄRCHEN

½ Birne (circa 100 Gramm)
2 Datteln (getrocknet, ohne Stein, circa 20 Gramm)
1 Tasse Mirabellen (entsteint, circa 100 Gramm)
8 Blätter von Radieschen (circa 60 Gramm)
1 Stange Staudensellerie (circa 75 Gramm)
Wasser

Nährwerte: 815 kJ, 195 kcal, 7g Eiweiß, 43g Kohlenhydrate, 3g Fett, 7g Ballaststoffe

MÄRCHENWALD

1 Banane (gefroren, circa 110 Gramm)
1 Tasse Erdbeeren (circa 100 Gramm)
2 Handvoll Brennnessel (circa 100 Gramm)
1 Handvoll Vogelmiere (circa 50 Gramm)
Wasser

Nährwerte: 865 kJ, 205 kcal, 10g Eiweiß, 36g Kohlenhydrate, 2g Fett, 10g Ballaststoffe

MELONENBOWLE

1 Tasse Galiamelone (circa 100 Gramm)
1 kleine Handvoll Gojibeeren (getrocknet, circa 40 Gramm)
1 Tasse Honigmelone (circa 100 Gramm)
8 Stängel Basilikum (circa 10 Gramm)
¼ Kopf Lollo Bianco (circa 125 Gramm)
Wasser

Nährwerte: 1.125 kJ, 270 kcal, 9g Eiweiß, 51g Kohlenhydrate, 3g Fett, 8g Ballaststoffe

HONIGMUND

½ Avocado (circa 100 Gramm)
¼ Honigmelone (circa 220 Gramm)
1 Stück Ingwer (circa 5 Gramm)
2 Handvoll Eichblattsalat (circa 100 Gramm)
Wasser

Nährwerte: 1.170 kJ, 280 kcal, 4g Eiweiß, 32g Kohlenhydrate, 13g Fett, 6g Ballaststoffe

WASSERMELONENTRUNK

1 Banane (circa 110 Gramm)
2 Tassen Wassermelone (circa 200 Gramm)
2 Handvoll Endiviensalat (circa 100 Gramm)
8 Blätter von Radieschen (circa 60 Gramm)
Wasser

Nährwerte: 850 kJ, 200 kcal, 5g Eiweiß, 41g Kohlenhydrate, 1g Fett, 5g Ballaststoffe

WELTMEISTERBOWLE

½ Banane (circa 55 Gramm)
1 Tasse Erdbeeren (circa 100 Gramm)
1 Tasse Johannisbeeren (idealerweise schwarz, circa 100 Gramm)
1 Esslöffel Macapulver (knapp 10 Gramm)
¼ Kopf Lollo Bianco (circa 125 Gramm)
Wasser

Nährwerte: 905 kJ, 215 kcal, 7g Eiweiß, 27g Kohlenhydrate, 6g Fett, 13g Ballaststoffe

WINDRÖSCHEN

1 kleine Handvoll Gojibeeren (getrocknet, circa 40 Gramm)
1 Stück Ingwer (circa 5 Gramm)
1 Saftorange (ungeschält, circa 200 Gramm)
5 Blätter Mangold (circa 100 Gramm)
8 Blätter von Radieschen (circa 60 Gramm)
Wasser

Nährwerte: 1.075 kJ, 255 kcal, 10g Eiweiß, 43g Kohlenhydrate, 3g Fett, 12g Ballaststoffe

ALPENVEILCHEN

1 Apfel (circa 200 Gramm)
1 Tasse Kirschen (entsteint, circa 100 Gramm)
2 Handvoll Eichblattsalat (circa 100 Gramm)
1 Handvoll Weizengras (Chlorophyllbombe, circa 50 Gramm)
Wasser

Nährwerte: 1.205 kJ, 290 kcal, 10g Eiweiß, 38g Kohlenhydrate, 2g Fett, 27g Ballaststoffe

ANEMONE

2 Tassen Brombeeren (circa 200 Gramm)
2 Datteln (getrocknet, ohne Stein, circa 20 Gramm)
2 Handvoll Romanasalat (circa 100 Gramm)
1 Handvoll Rucola (circa 50 Gramm)
Wasser

Nährwerte: 710 kJ, 170 kcal, 10g Eiweiß, 28g Kohlenhydrate, 3g Fett, 10g Ballaststoffe

SONNENBLUME

2 Aprikosen (circa 80 Gramm)
1 Tasse Mirabellen (entsteint, circa 100 Gramm)
1 Tasse grüne Weintrauben (circa 100 Gramm)
8 Stängel Basilikum (circa 10 Gramm)
¼ Kopf Eisbergsalat (circa 125 Gramm)
Wasser

Nährwerte: 790 kJ, 190 kcal, 4g Eiweiß, 39g Kohlenhydrate, 1g Fett, 5g Ballaststoffe

HEUERNTE

½ Mango (circa 125 Gramm)
½ Limette (ungeschält, circa 30 Gramm)
1 Saftorange (ungeschält, circa 200 Gramm)
8 Stängel Basilikum (circa 10 Gramm)
1 große Handvoll Feldsalat (circa 75 Gramm)
1 große Handvoll Rucola (circa 75 Gramm)
Wasser

Nährwerte: 940 kJ, 225 kcal, 7g Eiweiß, 36g Kohlenhydrate, 2g Fett, 10g Ballaststoffe

KORNBLUME

1 Apfel (circa 200 Gramm)
1 kleine Handvoll Aroniabeeren (getrocknet, circa 40 Gramm)
1 Saftorange (ungeschält, circa 200 Gramm)
5 Blätter der Roten Bete (circa 60 Gramm)
1 Stange Staudensellerie (circa 75 Gramm)
1 Tasse Apfelsaft (naturtrüb, circa 100 Milliliter)
Wasser

Nährwerte: 980 kJ, 230 kcal, 7g Eiweiß, 36g Kohlenhydrate, 2g Fett, 10g Ballaststoffe

MOHNBLÜMCHEN

1 Banane (circa 110 Gramm)
1 Tasse Himbeeren (circa 100 Gramm)
1 Tasse Stachelbeeren (circa 100 Gramm)
2 große Handvoll Eichblattsalat (150 Gramm)
½ Salatgurke (circa 200 Gramm)
Wasser

Nährwerte: 930 kJ, 220 kcal, 6g Eiweiß, 40g Kohlenhydrate, 2g Fett, 12g Ballaststoffe

KIRSCHFREUDE

1 Tasse Johannisbeeren (idealerweise rot, circa 100 Gramm)
1 Tasse Kirschen (entsteint, circa 100 Gramm)
1 Tasse grüne Weintrauben (circa 100 Gramm)
2 große Handvoll Feldsalat (circa 150 Gramm)
Wasser

Nährwerte: 815 kJ, 195 kcal, 5g Eiweiß, 35g Kohlenhydrate, 1g Fett, 9g Ballaststoffe

LAMPIONFEST

1 kleine Handvoll Gojibeeren (getrocknet, circa 40 Gramm)
2 Tassen Himbeeren (circa 200 Gramm)
1 Pfirsich (circa 110 Gramm)
2 Handvoll Eichblattsalat (100 Gramm)
½ Knolle Fenchel (circa 120 Gramm)
Wasser

Nährwerte: 1.155 kJ, 275 kcal, 11g Eiweiß, 46g Kohlenhydrate, 3g Fett, 18g Ballaststoffe

FEUERWERK

½ Avocado (circa 100 Gramm)
1 Tasse Blaubeeren (circa 100 Gramm)
2 Esslöffel Chiasamen (circa 15 Gramm)
2 Datteln (getrocknet, ohne Stein, circa 20 Gramm)
5 Blätter Mangold (circa 100 Gramm)
Wasser

Nährwerte: 1.385 kJ, 330 kcal, 11g Eiweiß, 28g Kohlenhydrate, 19g Fett, 18g Ballaststoffe

MITTSOMMERFEST

2 Tassen Brombeeren (circa 200 Gramm)
1 Tasse blaue Weintrauben (circa 100 Gramm)
2 Handvoll Feldsalat (circa 100 Gramm)
½ Bund Petersilie (circa 25 Gramm)
8 Blätter von Radieschen (circa 60 Gramm)
Wasser

Nährwerte: 820 kJ, 200 kcal, 7g Eiweiß, 32g Kohlenhydrate, 3g Fett, 11g Ballaststoffe

SOMMERSONNENWENDE

1 Banane (gefroren, circa 110 Gramm)
2 Tassen Blaubeeren (circa 200 Gramm)
1 kleine Handvoll Gojibeeren (getrocknet, circa 40 Gramm)
2 Handvoll Romanasalat (circa 100 Gramm)
Wasser

Nährwerte: 1.350 kJ, 320 kcal, 9g Eiweiß, 60g Kohlenhydrate, 4g Fett, 18g Ballaststoffe

LILIENSAFT

2 Scheiben Ananas (je 1 cm dick, circa 200 Gramm)
1 Stück Ingwer (circa 5 Gramm)
2 Handvoll Löwenzahn (circa 100 Gramm)
4 Stängel Minze (circa 5 Gramm)
1 Stange Staudensellerie (circa 75 Gramm)
Wasser

Nährwerte: 790 kJ, 190 kcal, 5g Eiweiß, 38g Kohlenhydrate, 3g Fett, 6g Ballaststoffe

SPÄTSOMMERTRUNK

1 Apfel (circa 200 Gramm)
2 Datteln (getrocknet, ohne Stein, circa 20 Gramm)
1 Kiwi (circa 70 Gramm)
¼ Kopf Lollo Bianco (circa 125 Gramm)
½ Bund Petersilie (circa 25 Gramm)
Wasser

Nährwerte: 1.015 kJ, 245 kcal, 9g Eiweiß, 48g Kohlenhydrate, 2g Fett, 12g Ballaststoffe

SOMMERNACHTSMOND

1 Tasse Kirschen (entsteint, circa 100 Gramm)
1 Tasse Mirabellen (entsteint, circa 100 Gramm)
1 Handvoll Physalis (circa 60 Gramm)
¼ Zitrone (ungeschält, circa 50 Gramm)
2 Handvoll Endiviensalat (circa 100 Gramm)
Wasser

Nährwerte: 880 kJ, 210 kcal, 5g Eiweiß, 38g Kohlenhydrate, 2g Fett, 6g Ballaststoffe

HIMMELSZELT

2 Esslöffel Chiasamen (circa 15 Gramm)
½ Mango (circa 125 Gramm)
1 Pfirsich (circa 110 Gramm)
1 Handvoll Feldsalat (circa 50 Gramm)
2 Handvoll Romanasalat (circa 100 Gramm)
8 Stängel Zitronenmelisse (circa 10 Gramm)
Wasser

Nährwerte: 945 kJ, 225 kcal, 7g Eiweiß, 30g Kohlenhydrate, 6g Fett, 12g Ballaststoffe

SOMMERSTERN

½ Banane (circa 55 Gramm)
¼ Honigmelone (circa 220 Gramm)
1 Esslöffel Macapulver (knapp 10 Gramm)
¼ Kopf Lollo Rosso (circa 125 Gramm)
Wasser

Nährwerte: 1.000 kJ, 240 kcal, 6g Eiweiß, 42g Kohlenhydrate, 4g Fett, 8g Ballaststoffe

NACHT AM SEE

1 Tasse Johannisbeeren (idealerweise rot, circa 100 Gramm)
1 Saftorange (ungeschält, circa 200 Gramm)
2 Handvoll Endiviensalat (circa 100 Gramm)
½ Bund Petersilie (circa 25 Gramm)
1 Handvoll Waldmeister (circa 50 Gramm)
Wasser

Nährwerte: 775 kJ, 185 kcal, 8g Eiweiß, 28g Kohlenhydrate, 1g Fett, 13g Ballaststoffe

STERNENFUNKELN

1 Apfel (circa 200 Gramm)
1 Stück Ingwer (circa 5 Gramm)
1 Handvoll Physalis (circa 60 Gramm)
¼ Kopf Lollo Bianco (circa 125 Gramm)
½ Salatgurke (circa 200 Gramm)
Wasser

Nährwerte: 845 kJ, 200 kcal, 5g Eiweiß, 39g Kohlenhydrate, 2g Fett, 8g Ballaststoffe

SPÄTSOMMERSTRAHLEN

1 Scheibe Ananas (1 cm dick, circa 100 Gramm)
1 Tasse Himbeeren (circa 100 Gramm)
1 Tasse Kirschen (entsteint, circa 100 Gramm)
16 Blätter Kopfsalat (circa 100 Gramm)
1 Handvoll Löwenzahn (circa 50 Gramm)
Wasser

Nährwerte: 815 kJ, 195 kcal, 5g Eiweiß, 37g Kohlenhydrate, 1g Fett, 10g Ballaststoffe

NICE TO MEET YOU ✿

WWW.FACEBOOK.COM/GRUENESMOOTHIES.SOULDRINKS

WWW.SOUL-DRINKS.DE

100% SOUL DRINKS
DIE GRÜNE SMOOTHIE-REIHE FÜR DAS GANZE JAHR

Grüne Smoothies für den Frühling
ISBN: 978-3734765582
EUR 4,90 (D) Print, EUR 2,49 (D) E-Book

Grüne Smoothies für Herbst und Winter
Ab Herbst 2015